PAIDEIA
ÉDUCATION

ALBERT CAMUS

Caligula

Analyse littéraire

© Paideia éducation.

22 rue Gabrielle Josserand - 93500 Pantin.

ISBN 978-2-75930-744-9

Dépôt légal : Septembre 2023

Impression Books on Demand GmbH

In de Tarpen 42

22848 Norderstedt, Allemagne

SOMMAIRE

- Biographie d'Albert Camus.................................... 9

- Présentation de *Caligula*..................................... 15

- Résumé de l'oeuvre.. 19

- Les raisons du succès.. 33

- Les thèmes principaux....................................... 37

- Étude du mouvement littéraire............................ 43

- Dans la même collection.................................... 47

BIOGRAPHIE
D'ALBERT CAMUS

Albert Camus est né le 7 novembre 1913 en Algérie dans le domaine de Mondovi où travaille son père, Lucien Camus, employé chez des négociants en vins d'Alger. Le 3 août 1914, la guerre est déclarée. Lucien Camus est mobilisé chez les zouaves. Il rejoint la métropole pendant que sa femme regagne Alger avec ses deux enfants. Blessé pendant la bataille de la Marne, Lucien meurt le 11 octobre 1914 et est enterré dans le carré militaire du cimetière de Saint-Brieuc. Bon élève, Albert Camus obtient une bourse et intègre le lycée Bugeaud en 1924 d'où il sort avec le baccalauréat, mention « assez bien » en 1930. Il poursuit ses études en Lettres Supérieures (hypokhâgne) où il obtient le premier prix de composition française et le second prix de philosophie. En 1932, il publie ses premiers articles pour la revue *Sud*.

Atteint par la tuberculose, son état de santé l'empêche d'intégrer l'école normale, il s'inscrit donc à la faculté de philosophie de l'université d'Alger. En juin 1934, il épouse Simone Hié. En 1935, il milite avec un mouvement antifasciste et rejoint le parti communiste. Nommé directeur de la maison de la culture, il dirige le Théâtre du Travail qui donne son premier spectacle *Le Temps du mépris* adapté d'un roman de Malraux, le 25 janvier 1936. En mai 1936, Albert Camus obtient son diplôme d'études supérieures en philosophie. Il voyage en Europe centrale avec sa femme. Mais quand Camus découvre que cette dernière, dépendante à la morphine, entretient une liaison avec son fournisseur de drogue, il la quitte et demande le divorce.

En mai 1937, les éditions Charlot d'Alger publient son premier livre, *L'Envers et l'endroit* en 350 exemplaires. Exclu du parti communiste, il continue son activité théâtrale avec le Théâtre de l'Équipe. Son état de santé l'empêchant de présenter l'agrégation de philosophie, il rejoint la rédaction de *L'Alger Républicain* dans lequel il publie une série de reportages sur la Kabylie. En 1939, il rédige une première version de *Caligula* et publie *Noces*. La guerre déclarée, *L'Alger Républicain* est interdit, remplacé par *Soir Républicain* dont Camus devient le rédacteur en chef. Après l'interdiction du *Soir Républicain* en 1940, Camus rejoint la capitale et se fait engager comme secrétaire de rédaction du journal *Paris Soir*. En juin 1940, le journal est délocalisé à Clermont-Ferrand puis à Lyon. Son divorce enfin prononcé, il épouse sa compagne oranaise Francine Faure le 3 décembre. Licencié de *Paris Soir*, il s'installe avec sa femme à Oran où il termine la rédaction du *Mythe de Sisyphe*. En juin 1941, les éditions Gallimard publient *L'Étranger*, puis en octobre de la même année, *Le Mythe de Sisyphe* dans la collection *Les Essais*.

Engagé comme lecteur chez Gallimard, Camus s'installe à Paris en 1943, où il fait la connaissance de Jean-Paul Sartre. En 1944, les pièces *Caligula* et *Le Malentendu* paraissent chez Gallimard. Camus devient l'un des principaux rédacteurs de la revue clandestine *Combat*. À la libération, la revue sort son premier numéro officiel et Camus en devient le rédacteur en chef. En 1947, la grève des imprimeurs ayant grandement affecté les finances de *Combat*, Camus se voit contraint de quitter la rédaction. En juin 1947, les éditions Gallimard publient *La Peste*. Grand succès de librairie, le roman obtient le prix des critiques. En revanche sa pièce *L'État de siège* dont la première a lieu le 27 octobre 1948 est un échec total. L'année suivante, il donne une représentation de sa pièce *Les Justes* le 15 décembre 1949 puis se détourne de l'écriture théâtrale pour se consacrer à la mise en scène d'adaptations. En 1950, les éditions Gallimard commencent à publier les recueils *Actuelles* regroupant les articles politiques de Camus, notamment ceux parus dans *Combat*.

En août 1951, la revue *Les Temps modernes* fait paraître

en avant-première un extrait de *L'Homme révolté*, le nouvel essai de Camus qui sort en novembre. Mais un an plus tard, la revue publie une critique sévère de l'essai. Camus écrit une lettre au directeur, Jean-Paul Sartre, pour défendre son œuvre. La réponse de Sartre est empreinte de mépris. Les deux hommes resteront définitivement en froid.

En mai 1955, Camus commence à écrire pour le journal *L'Express*. Soutenant Pierre Mendes-France, il met fin à cette collaboration en février 1956 quand Guy Mollet est nommé président du conseil des ministres. En Algérie, la situation se dégrade. Camus y fait plusieurs voyages, plaidant la «trêve civile», puis finit par renoncer à intervenir sur un débat qu'il juge stérile. En mai 1956, les éditions Gallimard publient *La Chute* qui connaît le même succès que *La Peste* et en mars 1957, le recueil de nouvelles *L'Exil et le royaume*. En octobre 1957, l'Académie de Stockholm décerne à Camus le prix Nobel de la littérature pour l'ensemble de son œuvre. Jean-Paul Sartre avait refusé ce même prix en 1964, Camus lui l'accepte. Pour la presse littéraire qui considère que son œuvre est déjà derrière lui, ce prix a des allures de reconnaissance funéraire. Avec l'argent du prix, Camus achète une propriété à Loumarin dans le Vaucluse.

Le 3 janvier 1960, Camus quitte Loumarin et fait route vers Paris avec son éditeur, Michel Gallimard. Près de Sens dans l'Yonne, la voiture percute un platane. Camus est tué sur le coup. Gallimard décède à l'hôpital des suites de ses blessures. Dans la sacoche de Camus se trouve le manuscrit inachevé du *Premier Homme*, ultime roman autobiographique de l'auteur qui sera publié à titre posthume par Gallimard en 1994.

PRÉSENTATION DE CALIGULA

Écrite par Albert Camus à partir de 1938, *Caligula* paraît en mai 1944 aux éditions Gallimard, groupée avec *Le Malentendu*. Deux ans après la sortie du roman *L'Étranger* et de l'essai *Le Mythe de Sisyphe*, la pièce de théâtre vient compléter le cycle de l'absurde qui précède celui de la Révolte.

La première de la pièce, mise en scène par Paul Oettly, a lieu le 26 septembre 1945 au théâtre Herbertot. Elle rencontre un franc succès auprès du public et est chaleureusement accueillie par la critique. Caligula est la pièce de Camus la plus jouée en France et à l'étranger, le succès théâtral le plus durable de l'auteur sur les quatre pièces qu'il a écrit.

Inspiré de *La Vie des douze Césars* de Suétone, ce drame en quatre actes illustre l'absurde et ses limites en mettant en scène les conséquences de la découverte de l'absurdité de la condition humaine. Prenant conscience de sa destinée mortelle au décès de sa sœur, l'empereur Caligula se libère de toutes limites pour exercer un pouvoir absolu sur son peuple. Par sa folie sanguinaire, il devient lui-même l'auteur de la tragédie humaine et côtoie les Dieux.

Mainte fois remaniée par l'auteur, Caligula est une œuvre politique qui reflète le contexte de son époque : la France sous l'occupation allemande durant la seconde guerre mondiale. La pièce de Camus est un appel à résister et à se révolter contre le totalitarisme.

RÉSUMÉ DE L'OEUVRE

Acte I

Scène I

À Rome, les patriciens attendent le retour de l'empereur Caïus Caligula. Après la mort de sa sœur Drusilla avec qui il entretenait une relation incestueuse, il a déserté le palais, fou de chagrin. Son absence dure depuis maintenant trois jours et les patriciens s'en inquiètent.

Scène II

Scipion leur apprend que des paysans ont aperçu l'empereur la nuit dernière. Les patriciens songent qu'il faudra le remplacer s'il ne revient pas. Un garde annonce qu'on a vu Caligula dans les jardins du palais.

Scène III

Caligula fait son entrée. Il contemple son reflet dans un miroir et s'assoit, désemparé. Hélicon le rejoint.

Scène IV

Caligula confie à Hélicon que ce n'est pas la perte de Drusilla qui le préoccupe. Il a ressenti le besoin impossible d'obtenir la lune, car les choses telles qu'elles sont ne le satisfont plus. Le décès de Drusilla lui a fait prendre conscience de l'inéluctabilité de la mort et l'absurdité de l'existence. Il se fait messager de cette vérité auprès de son peuple. Il demande à Hélicon de l'aider à accomplir l'impossible avant de quitter la scène.

Scène V

La vieille maîtresse de l'empereur Cæsonia et Scipion questionnent Hélicon sur ce qui tourmente l'empereur. Mais Hélicon se défend d'être son confident. Il ajoute que Caligula est un idéaliste. Hélicon sait que son entreprise est vaine, c'est pourquoi il a décidé de ne s'occuper de rien.

Scène VI

Scipion pense que Caligula est tourmenté par la mort de Drusilla et qu'il faut lui venir en aide. Il éprouve une grande affection pour l'empereur qui a toujours été bon avec lui et s'est toujours comporté en homme juste. Cæsonia souhaite de tout cœur le retour de son amant. Caligula fait son entrée au même moment que les patriciens et l'intendant. Cæsonia et Scipion se précipitent vers l'empereur, mais il les repousse.

Scène VII

L'intendant demande à Caligula de régler quelques questions concernant le Trésor public. L'empereur reconnaît que le Trésor public est une préoccupation capitale et propose de lui soumettre un plan qui bouleversera l'économie politique dès que les patriciens seront sortis.

Scène VIII

Caligula décrète que tous les Romains possédant une petite ou grande fortune, y compris les patriciens, devront déshériter leurs enfants au profit de l'État. En fonction des besoins du Trésor, Caligula fera exécuter ces personnes selon un ordre arbitraire pour hériter de leur fortune. Selon lui, mieux vaut voler le peuple directement que de se cacher derrière des taxes : le Trésor a de l'importance et la vie humaine n'en a pas Les contestataires seront exterminés. En usant ainsi de son pouvoir absolu, il oblige le peuple à prendre conscience de sa destinée mortelle.

Scène IX

Scipion s'insurge contre ce plan qu'il juge impossible. Caligula lui explique que le pouvoir donne justement ses chances à l'impossible. Pleinement conscient de l'absurdité de sa condition, l'empereur goûte à une liberté qui n'a plus de limites.

Scène X

Cherea entre et souhaite une bonne santé à Caligula. Mais l'empereur n'est plus d'humeur à supporter ce littérateur. Le monde est absurde et c'est en prenant conscience de cette réalité que l'on conquiert sa liberté. Caligula est le seul libre et il hait son peuple qui vit prisonnier de l'ignorance. Il envoie Cherea et Scipion annoncer aux Romains que leur liberté va leur être rendue et qu'une grande épreuve les attend.

Scène XI

Seul avec sa vieille maîtresse, Caligula ne peut s'abandonner au sommeil s'il n'a pas d'action sur l'ordre du monde. Il veut être au-dessus des Dieux. Cæsonia accepte de le suivre sur cette voie, même si elle pense que son projet n'est que pure folie.

Acte II

Scène I

Le règne tyrannique de Caligula dure depuis maintenant 3 ans et les patriciens se plaignent des avanies que l'empereur leur fait subir. Caligula a confisqué les biens de Patricius, enlevé la femme d'Octavius, tué le fils de Lepidus et le père de Scipion. Les patriciens se préparent à la sédition.

Scène II

Cherea désire se joindre à eux, mais il trouve leur attaque prématurée. Il leur propose d'attendre et d'aller dans le sens de Caligula jusqu'à ce que ce dernier se retrouve seul. Dehors, les trompettes annoncent l'arrivée de Caligula.

Scène III

Caligula entre, accompagné par Cæsonia, Hélicon et ses soldats. Il passe en revue les conjurés et sort sans dire un mot.

Scène IV

Cæsonia les interroge sur les raisons de ce désordre. Les patriciens prétextent une bagarre. Hélicon pense qu'ils complotent contre Caligula et les informe que ce dernier n'est pas dupe. Au contraire, l'empereur semble espérer une rébellion. Les patriciens remettent de l'ordre sous le regard de Caligula.

Scène V

Caligula se joint à eux pour le repas. Il a libéré tous les

esclaves et les sénateurs sont à présent à son service : ceux qui s'y opposent goûteront au fouet. Le chevalier Rufius est condamné à mort par l'empereur qui souhaite faire comprendre au peuple que la mort est arbitraire et qu'il n'est pas nécessaire d'avoir fait quoi que ce soit pour mourir. Caligula sait que les patriciens complotent contre lui, mais il les croit incapables d'un acte courageux. Il prend la femme de Mucius et s'éclipse avec elle dans la pièce voisine.

Scène VI

Cæsonia empêche Mucius d'intervenir. Elle demande à Cherea pour quelles raisons ils se battaient à leur arrivée. Cherea prétend qu'ils discutaient poésie : doit-elle être meurtrière ou non? Cæsonia leur apprend que Caligula est justement en train d'écrire un traité sur le sujet.

Scène VII

Caligula rend sa femme à Mucius. Et quitte la pièce pour donner des instructions aux soldats dehors.

Scène VIII

Cæsonia s'enthousiasme à propos du traité écrit par Caligula qui traite du pouvoir meurtrier de la poésie et s'intitule Le Glaive.

Scène IX

Caligula entre et demande à l'intendant de fermer les greniers publics pour créer la famine. Il prouve ainsi qu'il est libre, car lui seul a le pouvoir d'arrêter ce fléau. Il demande à Hélicon de lire un extrait de son traité. Selon lui, l'exécution est une délivrance. Tout le monde est coupable d'être son sujet, les coupables doivent mourir, donc tout le monde doit mourir. Caligula demande à Cherea, Cæsonia, Lepidus, Octavius et Mereia de rester pour discuter de l'organisation de la maison publique pendant que les autres sortent.

Scène X

Les recettes de la maison publique sont mauvaises. Caligula a donc décidé de mettre en place une nouvelle décoration de « Héros civique » qui récompensera chaque mois ceux qui fréquentent le plus la maison. Ceux qui n'en auront pas reçu en 12 mois auront le choix entre l'exil ou l'exécution. Caligula soupçonne Mereia de prendre du contrepoison. N'appréciant pas qu'il se révolte ainsi contre son destin, il le force à boire du poison et le tue. Cæsonia constate que la fiole que buvait Mereia contenait un remède contre l'asthme, ce à quoi Caligula rétorque que tôt ou tard, Mereia l'aurait trahit de toute façon.

Scène XI

Cherea et Lepidius retirent le corps sans vie de Mereia. Le jeune Scipion entre. En voyant Caligula, il fait mine de repartir.

Scène XII

Cæsonia lui demande d'approcher. Elle lui fait avouer qu'il hait Caligula pour avoir assassiné son père et qu'il souhaite venger la mort de ce dernier en tuant l'empereur. Cæsonia lui fait comprendre à mi-mot qu'il est temps pour lui de réclamer vengeance.

Scène XIII

Scipion demande son aide à Hélicon qui, en tant que confident de l'empereur, sait beaucoup de choses. Avant de sortir, Hélicon lui confie que s'il en venait à tuer Caligula, ce dernier ne verrait pas ça d'un mauvais œil.

Scène XIV

Caligula demande à Scipion de lui réciter les derniers poèmes qu'il a écrits. Scipion s'exécute et Caligula feint de s'exalter à l'évocation de la nature. Scipion qui a remarqué son jeu, exprime sa haine à l'empereur. Il le plaint de la solitude qui doit être la sienne. Caligula lui rétorque que la seule douceur qui lui reste à présent est le mépris.

Acte III

Scène I

Cæsonia et Hélicon annoncent l'entrée en scène de Caligula. L'empereur se présente déguisé en Vénus grotesque. Il fait répéter une prière aux patriciens et leur demande de verser une obole.

Scène II

Scipion accuse Caligula de blasphémer. Il n'est lui-même pas croyant, mais n'admet pas que l'empereur salisse ainsi les croyances des autres. Caligula revendique sa totale liberté, il a trouvé un moyen d'égaler les dieux en se montrant plus cruel qu'eux et en devenant un tyran.

Scène III

Hélicon tente de prévenir Caligula que les patriciens complotent pour l'assassiner, mais l'empereur ne se soucie que de la lune. Il demande à Hélicon d'aller la lui chercher. Avant de sortir exécuter sa requête, Hélicon lui remet une tablette qui prouve que Cherea fomente un complot.

Scène IV

Le vieux patricien tente également de prévenir Caligula du complot. L'empereur pense que s'il dit vrai cela fait de lui un traitre et qu'il doit être exécuté. Se défendant d'être un traitre, le patricien prétexte une plaisanterie et se retire.

Scène V

Caligula regarde la tablette remise par Hélicon et fait appeler Cherea. S'adressant à son reflet dans le miroir, il prend la décision de suivre sa logique jusqu'au bout.

Scène VI

Cherea entre et Caligula l'invite à parler en toute sincérité. Cherea lui avoue que s'il projette de le tuer ce n'est pas parce qu'il le hait, mais parce qu'il le juge nuisible. Il aspire simplement à vivre et être heureux. Alors que Cherea attend la sentence de l'empereur, Caligula brûle la tablette, seule preuve de sa trahison. Il incite Cherea à poursuivre sa logique jusqu'au bout pour enfin trouver le repos.

Acte IV

Scène I

Cherea demande à Scipion de se joindre à leur rébellion, mais ce dernier refuse d'agir contre Caligula. Il se trouve des points communs avec l'empereur qui lui a appris à tout exiger.

Scène II

Hélicon demande à Cherea d'attendre Caligula pour une petite réunion qu'il organise à l'endroit où il se trouve.

Scène III

Deux gardes conduisent le premier et le vieux patriciens dans la pièce. Ils leur demandent de s'asseoir pour attendre Caligula. Les deux patriciens sont nerveux, persuadés qu'ils vont être torturés.

Scène IV

Les deux patriciens informent Cherea que la conspiration a été découverte. Voyant un esclave apporté des armes, le vieux patricien prend peur et tente de s'enfuir. Les gardes le retiennent. Derrière un rideau, Caligula apparaît en ombre chinoise, vêtu d'une robe de danseuse et esquisse quelques pas avant de disparaître.

Scène V

Cæsonia les informe que Caligula les a fait venir pour

partager une émotion artistique et leur demande ce qu'ils ont pensé du spectacle. Cherea et les patriciens félicitent l'empereur pour son numéro. Cæsonia se retire pour faire part à l'empereur de leurs commentaires sur sa prestation.

Scène VI

Hélicon accuse Cherea d'être un hypocrite et ce dernier le félicite pour son dévouement envers Caligula. Né esclave, Hélicon est reconnaissant envers Caligula qui l'a affranchi. Fidèle à l'empereur, il empêchera les parjures de lui faire du mal et déclare à Cherea qu'il est à présent son ennemi avant de sortir.

Scène VII

Avant de sortir à son tour, Cherea demande aux deux patriciens de l'attendre ici. Le soir venu, ils seront une centaine à se rebeller contre l'empereur. Plusieurs patriciens et chevaliers entrent.

Scène VIII

Les patriciens s'interrogent sur la raison pour laquelle Caligula les a fait mander. Le bruit court que l'empereur serait très malade.

Scène IX

Cæsonia les informe que Caligula a vomi du sang. Les patriciens lui souhaitent un bon rétablissement. L'un d'eux promet une offrande, un autre prie Jupiter de prendre sa vie à la place de celle de l'empereur. Caligula fait son entrée en parfaite santé et prend les deux patriciens au mot. Il sort avant que n'entrent Cherea et le premier patricien.

Scène X

Cæsonia annonce la mort de Caligula à Cherea. Ce dernier y voit un grand malheur et Caligula réapparaît déçu que la supercherie ait échoué.

Scène XI

Caligula a décrété que la journée serait consacrée aux arts et il organise un concours entre poètes auquel est convoqué le jeune Scipion.

Scène XII

Les poètes improvisent autour du thème imposé par Caligula : la mort. Mais l'empereur, peu satisfait de leur prestation, les interrompt tous avant la fin d'un coup de sifflet. Seul le poème du jeune Scipion qui a compris les vraies leçons de la mort, trouve grâce à ses yeux. Il déclare que les poètes sont ses ennemis et les congédie. Cherea décrète que le moment est venu. Scipion hésite sur le pas de la porte puis se dirige vers Caligula, mais ce dernier le repousse.

Scène XIII

Scipion fait à Caligula ses adieux et demande à l'empereur de se rappeler quand tout sera fini qu'il l'a aimé. Cæsonia tente de convaincre Caligula qu'il peut-être bon de vivre et d'aimer dans la pureté de son cœur, mais l'empereur ne pense qu'à la poursuite de son essentiel. Il a choisi le bonheur des meurtriers, l'amour ne lui est pas suffisant. Il tente d'étrangler Cæsonia qui se débat faiblement.

Scène XIV

Seul face au miroir, il regrette qu'Hélicon ne lui ait pas apporté la lune. Des bruits d'armes se font entendre, l'empereur confesse sa peur et sa lâcheté. Il a dépassé les limites pour rendre l'impossible possible, mais il reconnaît qu'il n'a pas pris la bonne voie et qu'il n'aboutit à rien. Sa liberté n'était pas la bonne. Les conjurés arrivent. Hélicon tente de prévenir l'empereur, mais il est poignardé. Les conjurés entrent, Caligula est pris d'un rire fou alors qu'ils le frappent. Dans un dernier souffle alors qu'il s'écroule, il crie : « Je suis encore vivant ! »

LES RAISONS
DU SUCCÈS

Dès 1937, Camus débute l'écriture d'une première version de Caligula. C'est la lecture de *La Vie des douze Césars* de Suétone qui a fait germer chez l'auteur l'idée de cette tragédie de l'intelligence mettant en scène le sanguinaire empereur romain Caligula.

Camus écrit en 1958 : « À travers Suétone, Caligula m'était apparu comme un tyran d'une espèce relativement rare, je veux dire un tyran intelligent dont les mobiles semblaient à la fois singuliers et profonds. En particulier, il est le seul, à ma connaissance, à avoir tourné en dérision le pouvoir lui-même... L'histoire, et particulièrement notre histoire, nous a gratifiés depuis de tyrans plus traditionnels : de lourds, épais et médiocres despotes auprès desquels Caligula apparaît comme un innocent vêtu de lin candide. Eux aussi se croyaient libres puisqu'ils régnaient absolument. Et ils ne l'étaient pas plus que ne l'est dans ma pièce l'empereur romain. Simplement celui-ci le sait et consent à en mourir, ce qui lui confère une sorte de grandeur que la plupart des autres tyrans n'ont jamais connue. »

Dans un projet d'épilogue issu de ses Carnets de 1937, Camus révèle la portée qu'il souhaite donner à sa pièce : « Non, Caligula n'est pas mort. Il est là, et là. Il est en chacun de vous. Si le pouvoir vous était donné, si vous aviez du cœur, si vous aimiez la vie, vous le verriez se déchaîner, ce monstre ou cet ange que vous portez en vous. Notre monde se meurt d'avoir cru aux valeurs et que les choses pouvaient être belles et cesser d'être absurdes. Adieu, je rentre dans l'histoire où me tiennent enfermé depuis si longtemps ceux qui craignent de trop aimer. »

Achevée en 1939, cette première version lyrique et nihiliste est fidèle au texte de Suétone. On retrouve toute la jeunesse de l'auteur dans son personnage de Caligula. Camus prévoit de monter la pièce avec le théâtre de l'équipe et d'y tenir le rôle-titre, mais le projet n'aboutira pas. Il explique les raisons de son revirement dans la préface de l'édition américaine *Caligula and Three Others Plays* en 1958 : « Les acteurs débutants ont de ces ingénuités. Et puis j'avais vingt-cinq ans, l'âge où l'on doute de tout, sauf de soi. »

Sous l'occupation allemande, Camus remanie sa pièce une nouvelle fois pour en donner une version plus politique. Il y dénonce le totalitarisme du régime de Vichy et lance aux Français un appel à la révolte et à la résistance. La pièce paraît en mai 1944 aux Éditions Gallimard, groupée avec *Le Malentendu*. Les deux pièces intègrent le cycle de l'absurde dont font déjà partie le roman *L'Étranger* (1942) et l'essai *Le Mythe de Sisyphe*.

La première de la pièce a lieu le 26 septembre 1945 au théâtre Herbertot, mise en scène par Paul Oettly, l'oncle par alliance de Camus. La pièce est encensée par la critique, mais pour Camus, le triomphe est amer : « Trente articles. La raison des louanges est aussi mauvaise que celles des critiques. A peine une ou deux voix authentiques ou émues. »

La pièce est reprise en 1950 par Michel Herbaut. Le 26 mars 1955, Camus en fait une lecture au théâtre des Noctambules. Il met la pièce en scène en 1957 au Festival d'Angers puis en 1958 au Nouveau Théâtre de Paris. Depuis la première représentation, Camus a remanié le texte à maintes reprises. Du fait de sa mort prématurée dans un accident de voiture en 1960, c'est cette dernière version de 1958 qui est éditée et devient la version définitive de l'œuvre.

Sur les quatre pièces qu'écrivit Camus au cours de sa carrière, Caligula est la pièce la plus jouée en France et à l'étranger, soit le succès théâtral le plus durable de l'auteur.

LES THÈMES PRINCIPAUX

La philosophie de l'absurde

Caligula est la pièce de Camus qui illustre le mieux la philosophie de l'absurde telle que l'auteur la définit dans *Le Mythe de Sisyphe*. À la mort de sa sœur Drusilla, Caligula prend conscience de sa destinée mortelle et de la vacuité de l'existence : « Les hommes meurent et ils ne sont pas heureux. » (Acte I Scène 4).

Fort de cette prise de conscience, l'homme a le choix entre sombrer dans le désespoir ou se révolter contre l'absurdité de la condition humaine, vivre avec passion le moment présent selon ses choix et en toute liberté. Caligula choisit donc la révolte : il vit avec une passion désespérée dans la démesure la plus totale et use de sa liberté absolue pour devenir lui-même l'auteur de la tragédie humaine.

« Je viens de comprendre enfin l'utilité du pouvoir. Il donne ses chances à l'impossible. Aujourd'hui, et pour tout le temps qui va venir, ma liberté n'a plus de frontières. » (Acte I, Scène 9)

La liberté de l'homme absurde et ses limites

Camus explore ici les limites de l'absurde et de la liberté. En cédant au nihilisme, Caligula fait fausse route, car « son malheur est de nier les hommes » explique Camus. On ne peut se sauver soi-même et être libre contre les autres. « Est-ce donc du bonheur, cette liberté épouvantable ? » s'interroge Cæsonia (Acte IV, Scène 13). Caligula ne prend conscience qu'à la fin des limites de la liberté et consent à mourir de la main de Cherea, le véritable contrepoint de son nihilisme.

Grâce à Caligula, Cherea a pris conscience de l'absurdité du monde et a choisi de l'affronter. En fomentant un complot contre cet empereur qui a mis « son pouvoir au service d'une passion plus haute et plus mortelle », il a conquis sa liberté. « Sans doute, ce n'est pas la première fois que, chez nous, un homme dispose d'un pouvoir sans limites, mais c'est la première fois qu'il s'en sert sans limites, jusqu'à nier l'homme et le monde. Voilà ce qui m'effraye en lui et que je veux combattre. Perdre la vie est peu de chose et j'aurai ce courage quand il le faudra. Mais voir se dissiper le sens de cette vie, disparaître notre raison d'exister, voilà ce qui est insupportable. On ne peut vivre sans raison. » (Acte II Scène2)

Cherea assassine Caligula sans esprit de vengeance : « Ici, tu te trompes, Caïus. Je ne te hais pas. Je te juge nuisible et cruel, égoïste et vaniteux. Mais je ne puis pas te haïr puisque je ne te crois pas heureux. Et je ne puis pas te mépriser puisque je sais que tu n'es pas lâche. » (Acte III, scène 6). Caligula est un tyran qui mène une politique sans éthique. À l'opposé, Cherea est un libertaire dont la puissance reste contenue par son éthique.

Une critique du totalitarisme

Remaniée par Camus sous l'occupation allemande, *Caligula* est une critique ouverte du totalitarisme. La démesure des empereurs romains fait écho aux excès des dictateurs contemporains. Camus discrédite un pouvoir corrompu par des dirigeants vénaux : « Gouverner, c'est voler, tout le monde sait ça. Mais il y a la manière. Pour moi je volerai franchement. » déclare Caligula (Acte II, Scène 8).

Camus s'attaque également à l'Église et son invention du pêché originel chrétien qui nourrit le « meaculpisme » vichyste : « Vous souffrez et vous souffrirez longtemps encore, car nous n'avons pas fini de payer toutes nos fautes » affirme le Maréchal Pétain le 11 juillet 1940. Des paroles qui font écho à la logique par laquelle Caligula justifie ses exécutions : « On meurt parce qu'on est coupable. On est coupable, parce qu'on est sujet de Caligula. Or, tout le monde est sujet de Caligula. Donc, tout le monde est coupable. D'où il ressort que tout le monde meurt. C'est une question de temps et de patience. » (Acte II, Scène 9)

La tyrannie de l'empereur sanguinaire s'est installée grâce au lâche assentiment de son peuple, comme le régime de Vichy en France. À travers le complot mené par Cherea, Camus lance aux Français un appel à la résistance et à se révolter contre le totalitarisme.

Cherea a mené à bien sa rébellion et assassiné l'empereur. Mais comme l'écrira plus tard Camus dans *La Peste*, les germes du mal et de la tyrannie ne sont pas pour autant éradiqués, ils ressurgiront tôt ou tard, aussi Caligula s'écrit-il avant de mourir : « Je suis encore vivant ! » (Acte IV, Scène 13).

ÉTUDE DU MOUVEMENT LITTÉRAIRE

L'absurde dans la littérature et le théâtre d'après-guerre

L'absurde apparaît dans la littérature durant la période d'après-guerre. Le courant reflète parfaitement le sentiment général de cette époque. Confronté à deux guerres mondiales et à l'extermination de millions de personnes au nom d'une idéologie absurde, l'homme se sent étranger dans ce monde qu'il ne comprend plus, il est incapable de trouver un sens à son existence.

Beaucoup d'auteurs se sont intéressés à l'absurdité de la condition humaine avant Camus : Franz Kafka et Fiodor Dostoïevski, cités dans *Le Mythe de Sisyphe*, Nikolaï Gogol ou encore Dino Buzzati avec *L'Enfer du tartare* en 1940.

Dès 1942, Camus définit la notion d'absurde dans son essai *Le Mythe de Sisyphe*, mais aussi à travers le personnage de Meursault dans *L'Étranger* ou encore du sanguinaire empereur dans *Caligula*. Du sentiment d'absurdité naît la révolte, thème auquel Camus consacre son second cycle dont fait partie *La Peste*.

En 1950, Eugène Ionesco inaugure un nouveau genre : le théâtre de l'absurde. Bien loin des pièces absurdes de Camus qui conservent une structure classique, son « anti-pièce » *La Cantatrice chauve* repousse les limites de création et rompt totalement avec les règles conventionnelles de la dramaturgie. Le refus du réalisme, l'absence totale d'intrigue au sens narratif du terme, l'incohérence des actions et des dialogues illustrent la difficulté à communiquer, le vide et l'absurdité de la vie.

On retrouve ces mêmes caractéristiques dans *En attendant Godot* de Samuel Beckett en 1952. Deux ivrognes attendent l'arrivée de Godot, figure métaphysique d'un Dieu salvateur qui ne vient jamais.

DANS LA MÊME COLLECTION
(par ordre alphabétique)

- **Anonyme**, *La Farce de Maître Pathelin*
- **Anouilh**, *Antigone*
- **Aragon**, *Aurélien*
- **Aragon**, *Le Paysan de Paris*
- **Austen**, *Raison et Sentiments*
- **Balzac**, *Illusions perdues*
- **Balzac**, *La Femme de trente ans*
- **Balzac**, *Le Colonel Chabert*
- **Balzac**, *Le Lys dans la vallée*
- **Balzac**, *Le Père Goriot*
- **Barbey d'Aurevilly**, *L'Ensorcelée*
- **Barbey d'Aurevilly**, *Les Diaboliques*
- **Bataille**, *Ma mère*
- **Baudelaire**, *Les Fleurs du Mal*
- **Baudelaire**, *Petits poèmes en prose*
- **Beaumarchais**, *Le Barbier de Séville*
- **Beaumarchais**, *Le Mariage de Figaro*
- **Beauvoir**, *Mémoires d'une jeune fille rangée*
- **Beckett**, *Fin de partie*
- **Brecht**, *La Noce*
- **Brecht**, *La Résistible ascension d'Arturo Ui*
- **Brecht**, *Mère Courage et ses enfants*
- **Breton**, *Nadja*
- **Brontë**, *Jane Eyre*
- **Camus**, *L'Étranger*
- **Camus**, *Le Mythe de Sisyphe*
- **Carroll**, *Alice au pays des merveilles*
- **Céline**, *Mort à crédit*

- **Céline**, *Voyage au bout de la nuit*
- **Chateaubriand**, *Atala*
- **Chateaubriand**, *René*
- **Chrétien de Troyes**, *Perceval*
- **Cocteau**, *Les Enfants terribles*
- **Colette**, *Le Blé en herbe*
- **Corneille**, *Le Cid*
- **Crébillon fils**, *Les Égarements du cœur et de l'esprit*
- **Defoe**, *Robinson Crusoé*
- **Dickens**, *Oliver Twist*
- **Du Bellay**, *Les Regrets*
- **Dumas**, *Henri III et sa cour*
- **Duras**, *L'Amant*
- **Duras**, *La Pluie d'été*
- **Duras**, *Un barrage contre le Pacifique*
- **Flaubert**, *Bouvard et Pécuchet*
- **Flaubert**, *L'Éducation sentimentale*
- **Flaubert**, *Madame Bovary*
- **Flaubert**, *Salammbô*
- **Gary**, *La Vie devant soi*
- **Giraudoux**, *Électre*
- **Giraudoux**, *La Guerre de Troie n'aura pas lieu*
- **Gogol**, *Le Mariage*
- **Homère**, *L'Odyssée*
- **Hugo**, *Hernani*
- **Hugo**, *Les Misérables*
- **Hugo**, *Notre-Dame de Paris*
- **Huxley**, *Le Meilleur des mondes*
- **Jaccottet**, *À la lumière d'hiver*
- **James**, *Une vie à Londres*
- **Jarry**, *Ubu roi*
- **Kafka**, *La Métamorphose*
- **Kerouac**, *Sur la route*

- **Kessel**, *Le Lion*
- **La Fayette**, *La Princesse de Clèves*
- **Le Clézio**, *Mondo et autres histoires*
- **Levi**, *Si c'est un homme*
- **London**, *Croc-Blanc*
- **London**, *L'Appel de la forêt*
- **Maupassant**, *Boule de suif*
- **Maupassant**, *La Maison Tellier*
- **Maupassant**, *Le Horla*
- **Maupassant**, *Une vie*
- **Molière**, *Amphitryon*
- **Molière**, *Dom Juan*
- **Molière**, *L'Avare*
- **Molière**, *Le Malade imaginaire*
- **Molière**, *Le Tartuffe*
- **Molière**, *Les Fourberies de Scapin*
- **Musset**, *Les Caprices de Marianne*
- **Musset**, *Lorenzaccio*
- **Musset**, *On ne badine pas avec l'amour*
- **Perec**, *La Disparition*
- **Perec**, *Les Choses*
- **Perrault**, *Contes*
- **Prévert**, *Paroles*
- **Prévost**, *Manon Lescaut*
- **Proust**, *À l'ombre des jeunes filles en fleurs*
- **Proust**, *Albertine disparue*
- **Proust**, *Du côté de chez Swann*
- **Proust**, *Le Côté de Guermantes*
- **Proust**, *Le Temps retrouvé*
- **Proust**, *Sodome et Gomorrhe*
- **Proust**, *Un amour de Swann*
- **Queneau**, *Exercices de style*
- **Quignard**, *Tous les matins du monde*

- **Rabelais**, *Gargantua*
- **Rabelais**, *Pantagruel*
- **Racine**, *Andromaque*
- **Racine**, *Bérénice*
- **Racine**, *Britannicus*
- **Racine**, *Phèdre*
- **Renard**, *Poil de carotte*
- **Rimbaud**, *Une saison en enfer*
- **Sagan**, *Bonjour tristesse*
- **Saint-Exupéry**, *Le Petit Prince*
- **Sarraute**, *Enfance*
- **Sarraute**, *Tropismes*
- **Sartre**, *Huis clos*
- **Sartre**, *La Nausée*
- **Senghor**, *La Belle histoire de Leuk-le-lièvre*
- **Shakespeare**, *Roméo et Juliette*
- **Steinbeck**, *Les Raisins de la colère*
- **Stendhal**, *La Chartreuse de Parme*
- **Stendhal**, *Le Rouge et le Noir*
- **Verlaine**, *Romances sans paroles*
- **Verne**, *Une ville flottante*
- **Verne**, *Voyage au centre de la Terre*
- **Vian**, *J'irai cracher sur vos tombes*
- **Vian**, *L'Arrache-cœur*
- **Vian**, *L'Écume des jours*
- **Voltaire**, *Candide*
- **Voltaire**, *Micromégas*
- **Zola**, *Au Bonheur des Dames*
- **Zola**, *Germinal*
- **Zola**, *L'Argent*
- **Zola**, *L'Assommoir*
- **Zola**, *La Bête humaine*
- **Zola**, *Nana*